Vida	Vida	Alma	Alma	Fé	Ação	Ação	Amigo	Amigo	Fé
Amor	Amor	Foco	Foco	Fé	Luta	Luta	Força	Força	Fé
Fé	Feliz	Feliz	Calma	Calma	Fé	Vida	Vida	Alma	Alma
Fé	Livre	Livre	Sonho	Sonho	Fé	Amor	Amor	Foco	Foco
Ação	Ação	Amigo	Amigo	Fé	Feliz	Feliz	Calma	Calma	Fé
Luta	Luta	Força	Força	Fé	Livre	Livre	Sonho	Sonho	Fé

CB055272

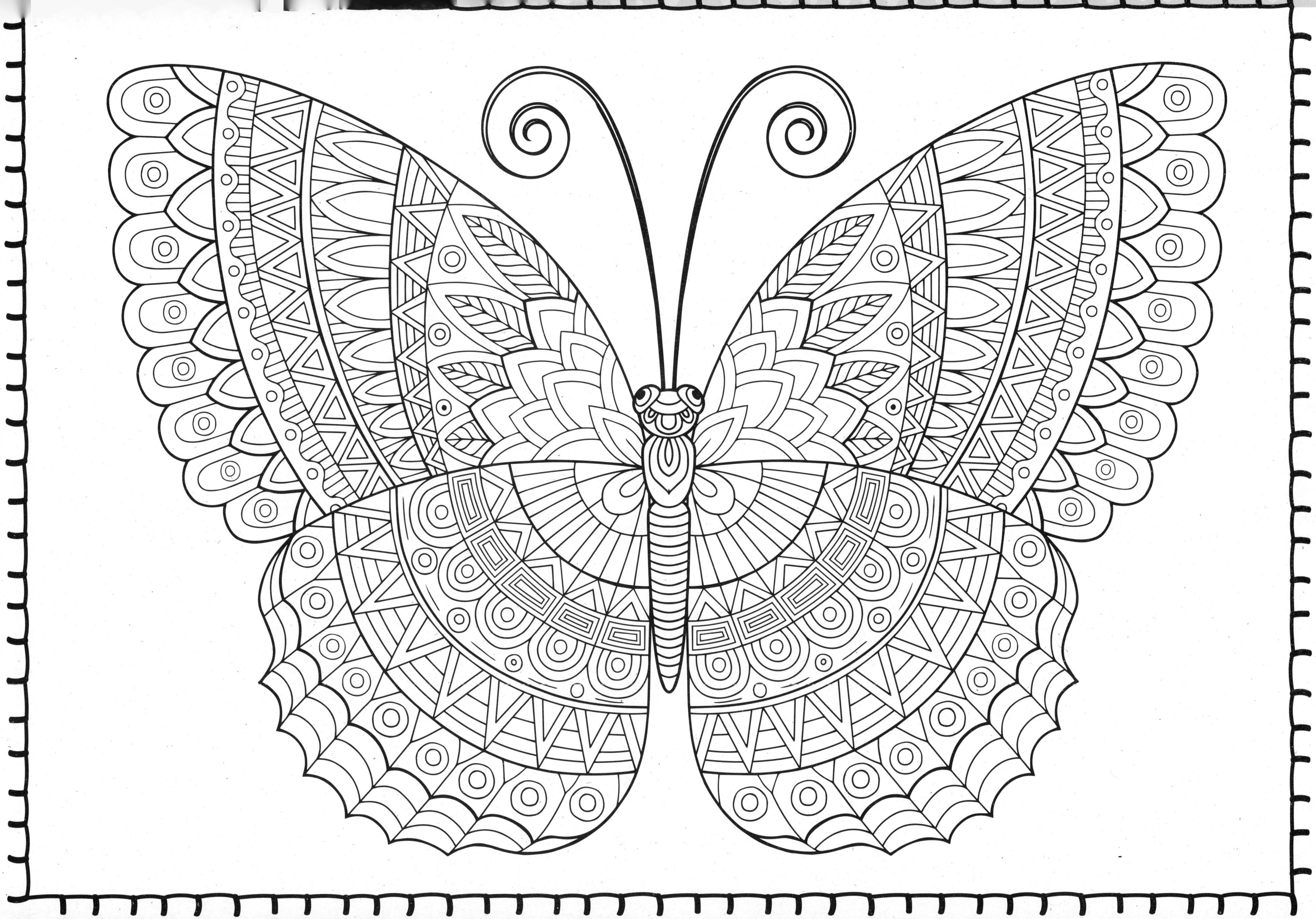

"O que é feito não pode ser **desfeito**, mas podemos impedir que **aconteça novamente**."
— Anne Frank

"Julgar a si mesmo é bem mais **difícil** do que julgar os outros."

— Antoine de Saint-Exupéry

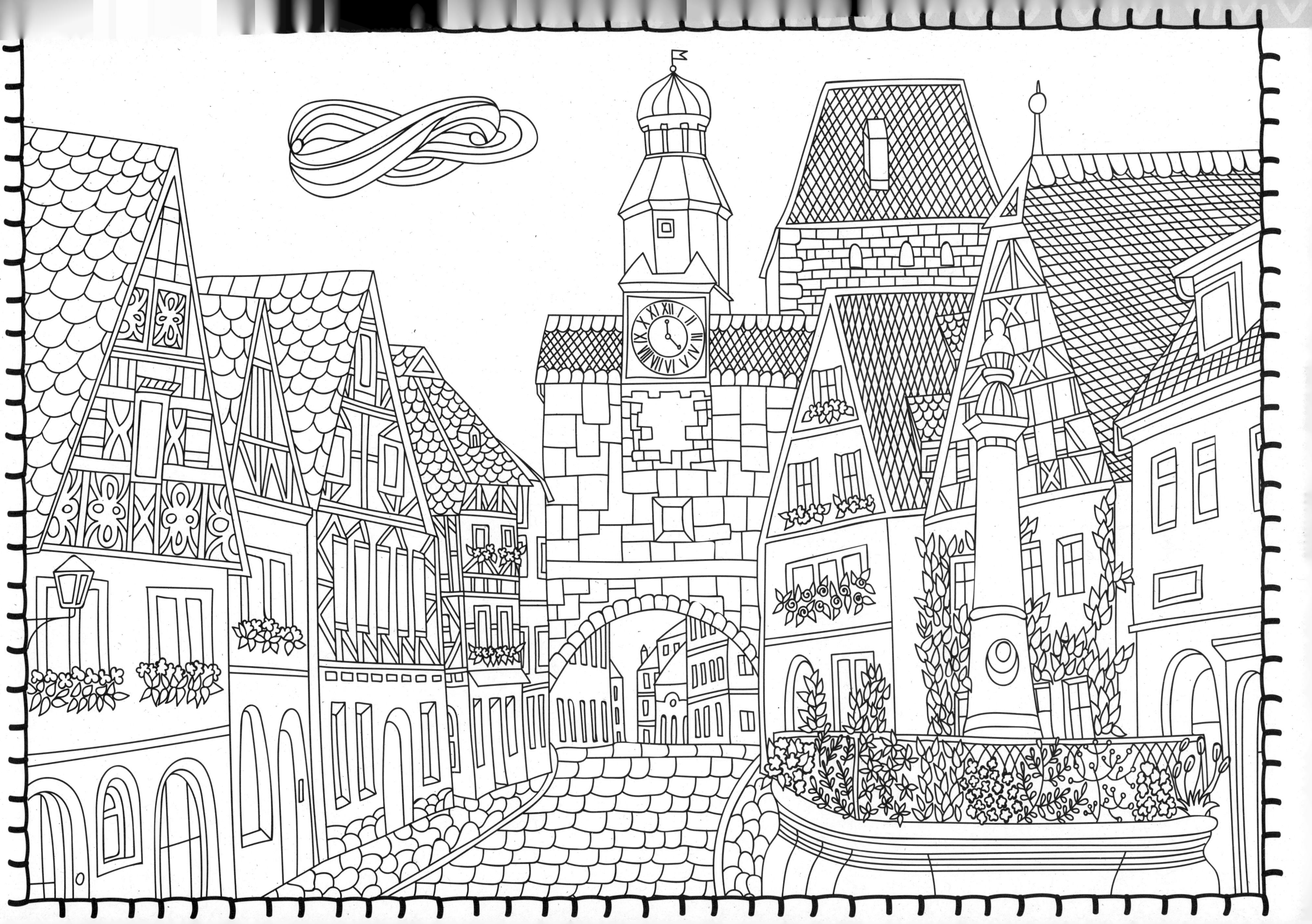

"Lutar pelo **amor** é bom, mas alcançá-lo sem luta é melhor."
— William Shakespeare

"A verdadeira coragem é ir atrás de seu sonho mesmo quando todos dizem que ele é impossível."

– Cora Coralina

ATENÇÃO

"A primavera chegará, mesmo que ninguém mais saiba seu nome, nem acredite no calendário, nem possua jardim para recebê-la."

— Cecília Meireles

"Caminhar com um amigo no escuro é melhor que caminhar sozinho à luz do dia."
– Hellen Keller

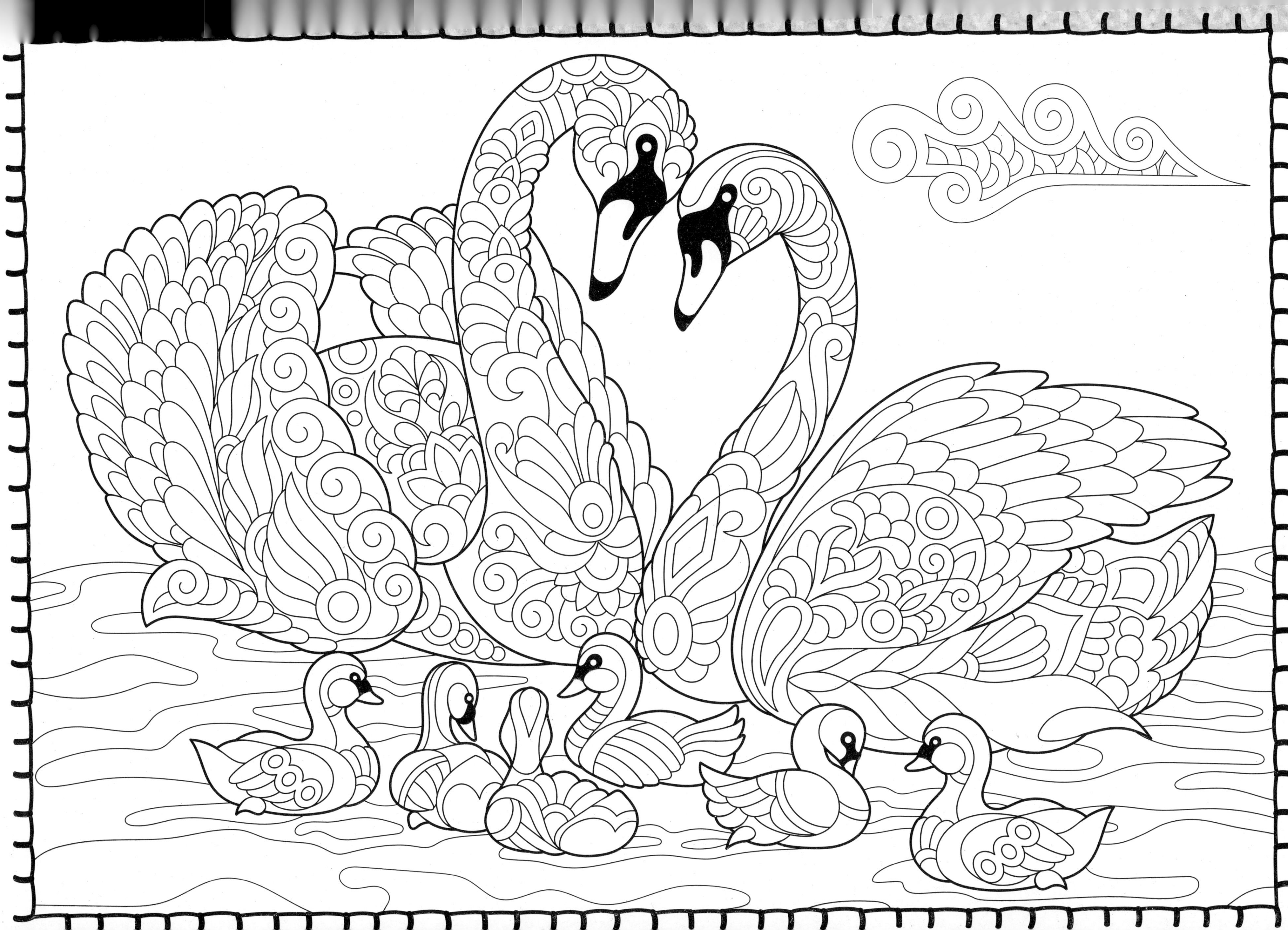

"Muitas pessoas entrarão e sairão de sua vida, mas apenas os verdadeiros amigos deixarão pegadas no seu coração."
— Eleanor Roosevelt

"Se o pensamento corrompe a linguagem, a linguagem também pode corromper o pensamento."
— George Orwell

VIDA

"Não quero que o medo de fracassar me impeça de fazer o que é realmente importante para mim."
— Emma Watson

"Às vezes sentimos que aquilo que fazemos é apenas uma gota de água no mar. Mas o mar seria menor se lhe faltasse uma gota."

– Madre Teresa de Calcutá

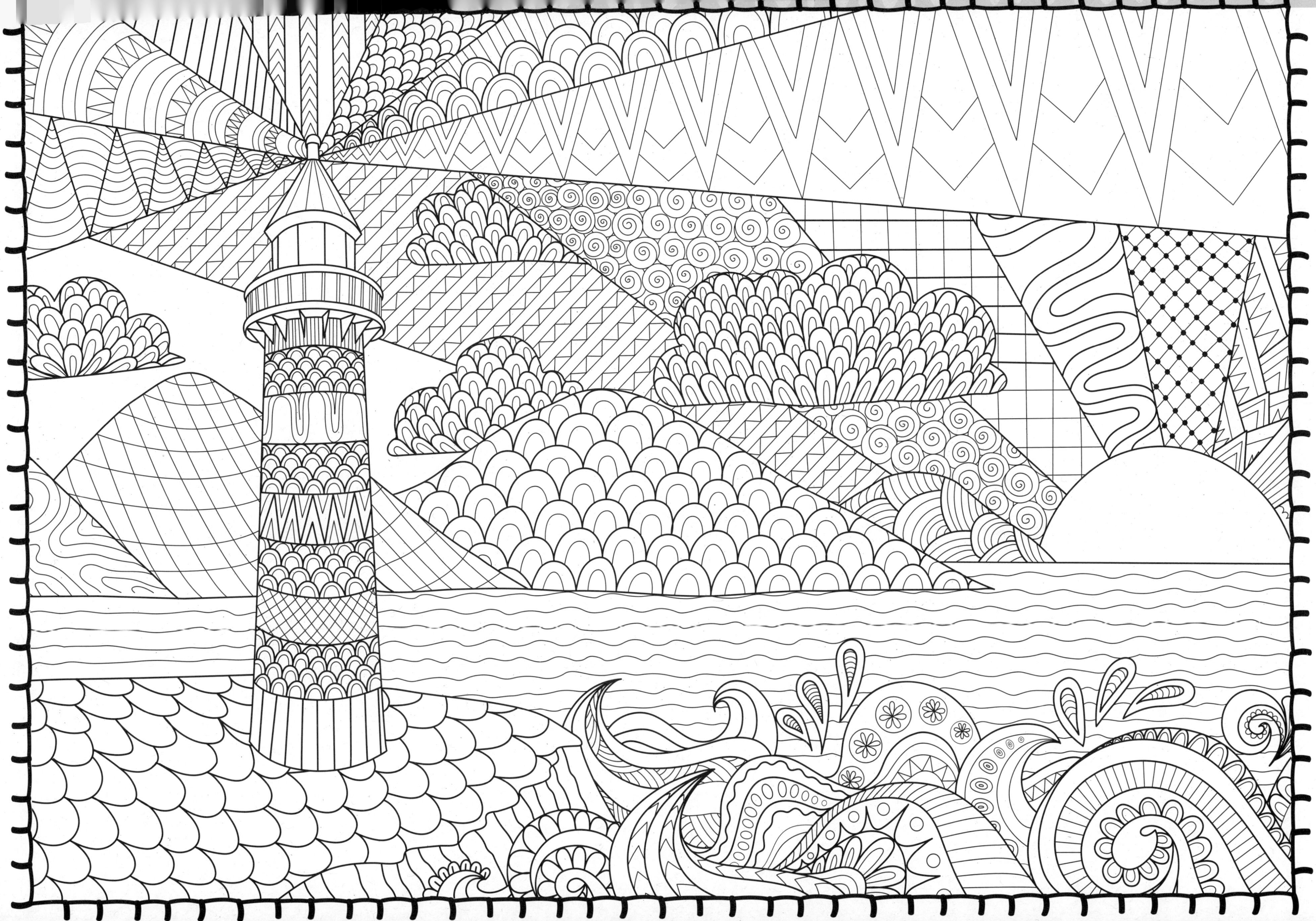

"O pessimista é uma pessoa que, podendo escolher entre dois males, prefere ambos."
– Oscar Wilde

"Há três métodos para ganhar sabedoria: primeiro, por reflexão, que é o mais nobre; segundo, por imitação, que é o mais fácil; e terceiro, por experiência, que é o mais amargo."

— Confúcio

CALMA

"Acredito que o privilégio da vida é ser quem você é. Ser quem você realmente é."
– Viola Davis

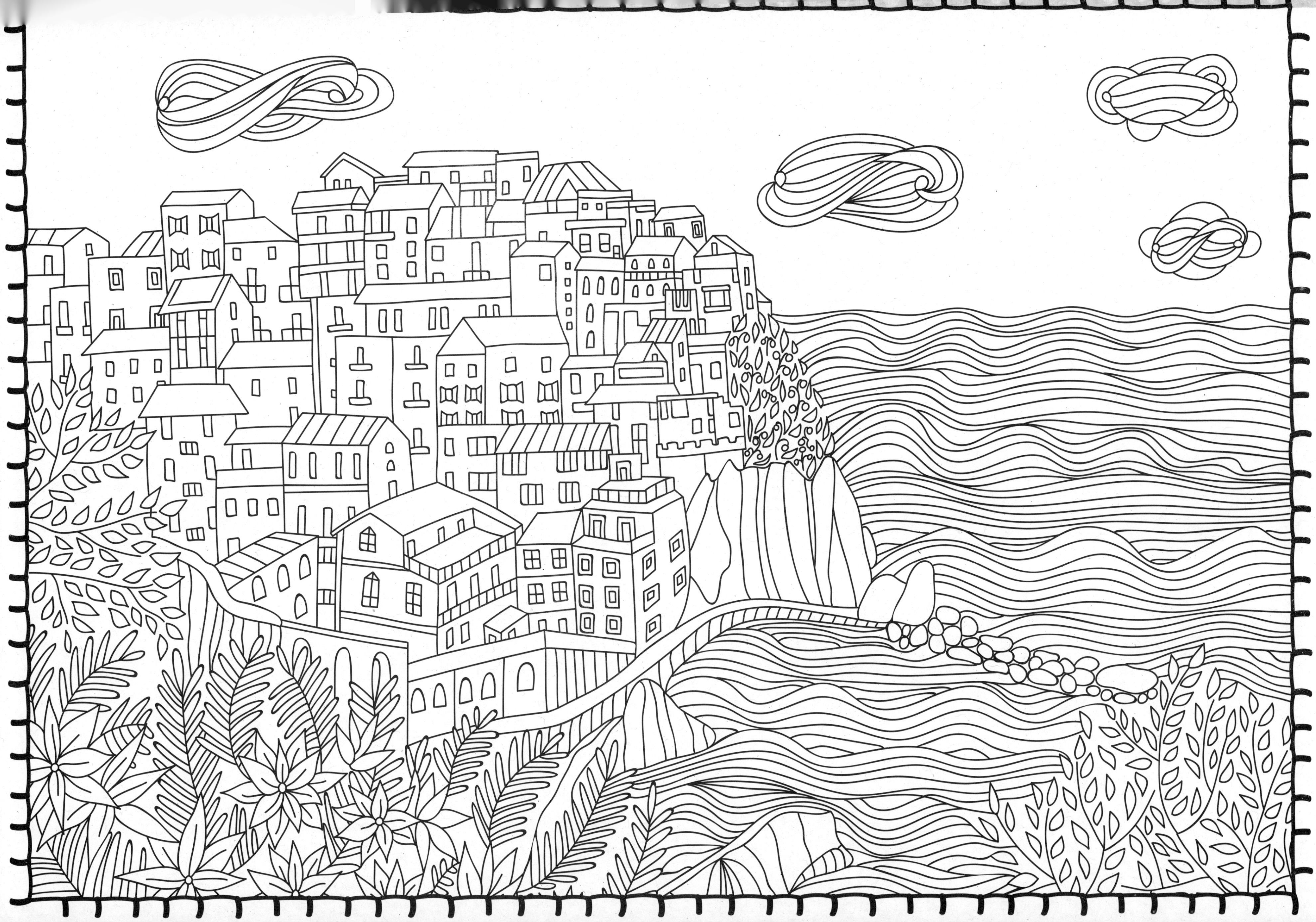

"Temos só um jeito de nascer e muitos de morrer."
– Carolina Maria de Jesus

"Aquele que é feliz espalha felicidade. Aquele que teima na infelicidade, que perde o equilíbrio e a confiança perde-se na vida."

– Anne Frank

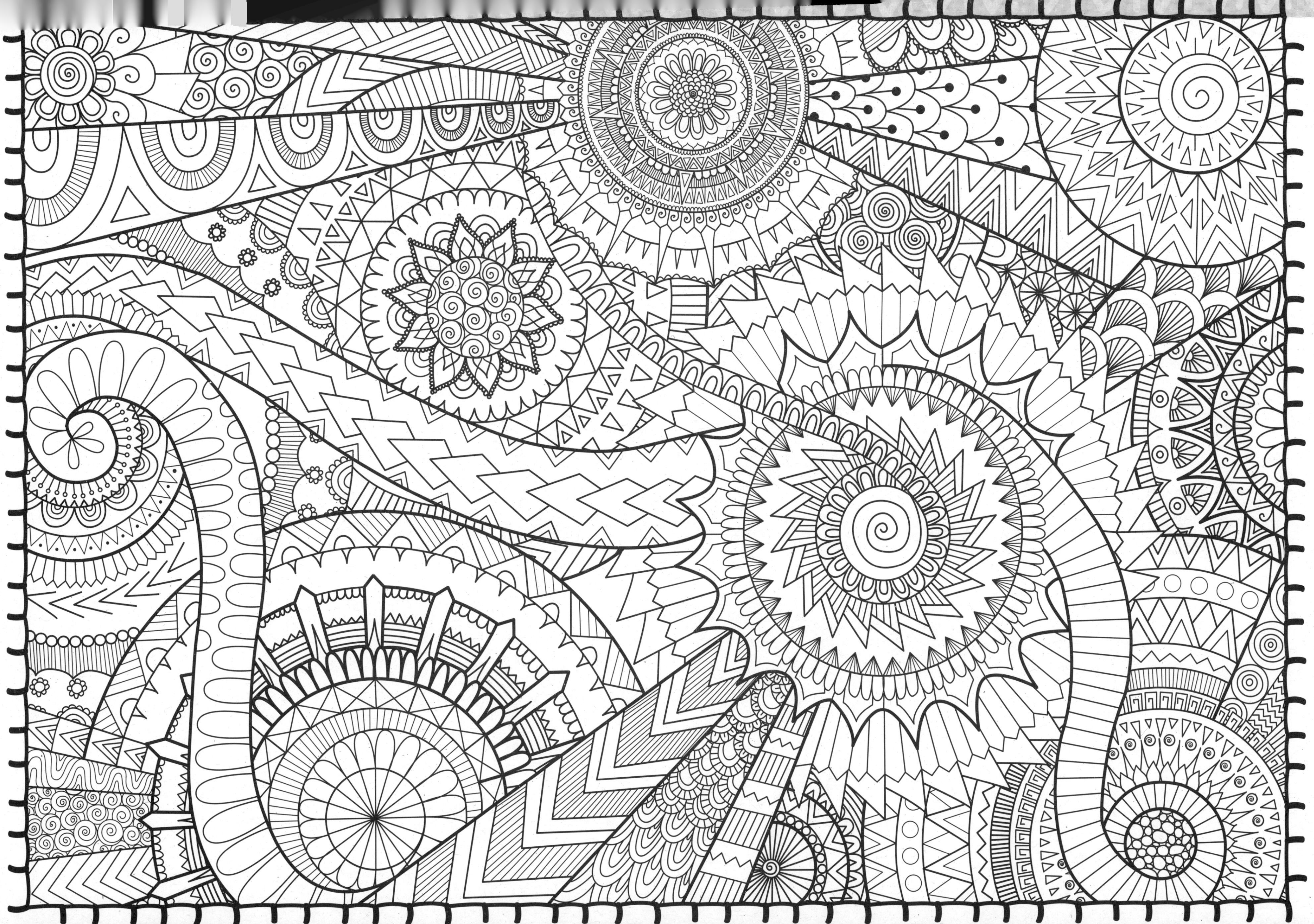